Mit Bleistift und Feder

Edition Psychologie und Pädagogik

Winfred Kaminski / Martina Müller

Mit Bleistift und Feder

Schreibspiele für die Klassen 5–7

Matthias-Grünewald-Verlag · Mainz

Illustrationen von Tim Sylvester Weiffenbach

Die Deutsche Bibliothek – CIP-Einheitsaufnahme

Kaminski, Winfred:
Mit Bleistift und Feder : Schreibspiele für die Klassen 5 – 7 /
Winfred Kaminski/Martina Müller. – Mainz : Matthias-
Grünewald-Verl., 1996
    (Edition Psychologie und Pädagogik)
    ISBN 3-7867-1965-9

Umschlag: Harun Kloppe, Mainz, unter Verwendung einer Zeich-
nung von Tim Sylvester Weiffenbach, Steinbach
Druck und Bindung: Wagner, Nördlingen

ISBN 3-7867-1965-9

Schreiben macht Spaß

Der vergnügliche Umgang mit der Sprache hat sowohl in schulischen als auch in außerschulischen Zusammenhängen einen hohen Wert. Er könnte nämlich dazu beitragen, die Furcht vor eigenem schriftsprachlichem Ausdruck zu verringern und im Gegenzug den Spaß an sprachschöpferischem Tun zu steigern. Das wiederum kommt unmittelbar der allgemeinen Kommunikationsbereitschaft zugute. Der entlastete Umgang mit dem Sprachmaterial, befreit von den Fesseln eines starren Regelsystems, befähigt in anderen und nicht nur schulischen Bereichen, sich sicher und kompetent zu äußern. Das kreative Produzieren war in der höheren Schule nie ganz vergessen, in der „Volksschule" herrschte aber lange Zeit im Schreibunterricht der reine Pragmatismus vor. Das subjektorientierte Schreiben fand allerdings eine erste Würdigung Anfang dieses Jahrhunderts durch die Reformpädagogik und damit auch in der Volksschule.

Mit der Aussage „Schreiben kann jeder" wurde seit den siebziger Jahren gefordert, daß kreatives Schreiben in allen Schulformen und -stufen in den Unterricht integriert werden solle, damit das Schreiben nicht das Privileg einer Minderheit bleibe.

Die hier versammelten Spiele und Experimente mit der Sprache orientieren sich an den Ansprüchen und Möglichkeiten der Klassen 5–7. Es sind solche Varianten ausgesucht und zusammengestellt worden, die schnell zu lernen sind, wenig Voraussetzungen erfordern und Spaß bereiten. Alle Spiele können in einem überschaubaren zeitlichen Rahmen in Einzel- und/oder Gruppenarbeit durchgeführt werden. Sie bieten sich an als „Pau-

senfüller", als Ergänzung zum regelgerechten Sprach-
unterricht, aber auch als länger dauernde umgreifen-
de Lerneinheit, die für sich bestehen kann.

Entwicklungsetappen der neuen Schreibbewegung [1]

Die amerikanische Kreativitätsforschung lenkte den
Blick auf ein lange unterschätztes intellektuelles Po-
tential. Produktivität und Eigeninitiative erhielten
schließlich mit einiger Verzögerung auch in Deutschland ein neues Gewicht. Man erwartete vom eigen-
schöpferischen Tun eine produktive Befreiung und einen auf die Gesellschaft bezogenen emanzipatorischen
Effekt. Auf diesen Einschätzungen bauten Initiativen
auf, die den kreativen Umgang mit Sprache und Texten zum Inhalt hatten, so daß es nicht verkehrt ist, von
der Formierung einer Schreibbewegung zu sprechen.
Es geht hierbei ausdrücklich um die Literaturprodukti-
on von Laien.
In der Schule begann ebenfalls ein Wandel hin zum
kreativeren Umgang mit Texten. Es sollte das eigen-
schöpferische Interesse der Schülerinnen und Schüler
geweckt und gefördert werden. Denn die kreativen
Fähigkeiten in einem Bereich wirken sich unmittelbar
auf anderen schulischen Gebieten positiv aus.
Im Deutschunterricht ist der Kreativitätsbegriff vor al-

---

[1] In diese Ausführungen sind Hinweise eingegangen aus: Heide
Hofmeyer, „Kreatives Schreiben in der Schule". Wissenschaftliche
Hausarbeit zur Ersten Staatsprüfung für das Lehramt an Grundschu-
len an der J.W. Goethe Universität Frankfurt am Main 1995 (Betreuer: Winfred Kaminski) und: Martina Müller, „ Psychologische Aspekte der Literatur unter besonderer Betrachtung des Tagebuch-
schreibens von Frauen". Diplomarbeit im FB Sozialpädagogik der
Fachhochschule Köln 1994/95 (Betreuer: Winfred Kaminski).

lem auf das Durchbrechen sprachlicher Normen bezogen worden. Typische Unterrichtsverfahren wurden das Spielen mit der Sprache, das Verfassen von Unsinnstexten, das Verfremden von Textvorlagen, das Schreiben und Parodieren von Gedichten und anderes mehr. Kreativität, so könnte man sagen, wird dabei als originelle Manipulation der Sprache verstanden.

Auf die Dominanz der Sprachspielereien folgte in den achtziger Jahren das „autobiographische Schreiben". Das Schreiben von und über sich wurde als Ausgleich in einer nur auf die Erfordernisse der Ökonomie ausgerichteten Welt gesehen. Kreatives Schreiben dient jetzt dazu, sich gegen die zunehmende Anonymisierung zu wehren und sich in einer Umgebung zu behaupten, in der der einzelne immer mehr aus dem Blick zu geraten droht. Das Schreiben über sich rückte nunmehr in den Vordergrund.

Kinder und kreatives Schreiben

Für die Ich-Entwicklung der Kinder erweist sich das kreative Schreiben, bei dem der Schreiber oder die Schreiberin selbst im Mittelpunkt steht, als äußerst hilfreich. Indem sich die Kinder schreibend mit sich und der Welt auseinandersetzen und versuchen, Gefühle und Wünsche in Worte zu fassen, nehmen sie sich selbst durch die Versprachlichung bewußter wahr. Sie lernen sich besser kennen und vergewissern sich zugleich ihrer Identität. Auf diesem Wege schärfen sie ihre Wahrnehmungsfähigkeit und lernen, genauer hinzusehen. Innere Vorgänge und äußere Umwelt werden sensibler und bewußter aufgenommen.

Kreatives Schreiben besitzt, weil immer Wünsche und Ängste in das Geschriebene einfließen, eine entlastende und sogar vielleicht heilende Funktion. Diffuse Eindrücke, die verwirrende Vielfalt von Erfahrungen und Informationen werden, indem sie durch Schreiben benannt, formuliert und strukturiert werden, verarbeitet. Beim Schreiben kann ich mir klarer werden, was ich eigentlich will.

Durch das zeitlich versetzte Überarbeiten des eigenen Textes und das Besprechen der Aufgaben in der Gruppe gerät der Text in ein anderes Verhältnis zum Schreiber und schafft Distanz zu den eigenen Gefühlen, die den Text mitbestimmt haben. Durch die Besprechung der Schreibarbeiten in der Gruppe wird außerdem erstrebt, daß sich die Kinder selbst deutlicher im Gegenüber und in der Abgrenzung von anderen wahrnehmen.

Bei alledem nimmt das fiktionale Schreiben eine besondere Stellung ein. Es entlastet einerseits, stellt aber zugleich einen Schutz vor der Preisgabe der eigenen Person dar, indem es die Möglichkeiten der Verfremdung nutzen lehrt. Die Kinder können beim fiktionalen Schreiben von sich sprechen, ohne sich überhaupt erwähnen zu müssen. Zugleich wird die Fähigkeit des Fremdverstehens dadurch erweitert, daß man sich beim kreativen fiktionalen Schreiben in andere Perspektiven hineinversetzen muß. Dadurch daß das Subjekt des Schreibens beim kreativen Schreiben miteinbezogen wird, kommt diesem eine befreiende Wirkung zu.

Die sozialen Aspekte des schöpferisch-spielerischen Umgangs mit Sprache sind unübersehbar, weil kreatives Schreiben immer den Austausch in und mit der Gruppe einschließt. Spätestens durch die Textvorträge löst sich der einzelne Schreiber aus seiner Einsamkeit. Die Kinder teilen Gefühle und Gedanken ihren Mitschülern mit und lernen dadurch einander besser kennen und kommen sich näher. Es kann sich ein Gruppengefühl aufbauen und auf diesem Wege das Gruppenverhalten der Kinder gesteigert werden.

Es gehört zum Austausch in der Gruppe, daß sich die Kinder mit den vorgetragenen Texten befassen und sie die Schreiber mit ihren Vorstellungen und Ideen ernst nehmen. Durch die Vorlesestunden werden Kinder empfindlich für die Fühl-, Denk- und Schreibweise anderer. Selbstverständlich trägt das gemeinsame Vorlesen und Besprechen der Texte wiederum zum Ausbau der Sprache bei und fördert die Kommunikation. Die Kinder erfahren, was es heißt, in der Gruppe konstruktiv Kritik zu üben und sich fair und tolerant zu verhalten. Zudem erhöht die Erwartung, mit seinem Text Gehör zu finden, die Schreibmotivation.

„Im kreativen Schreiben kann exemplarisch ein Miteinander realisiert werden, bei dem sich die einzelnen mit ihrer ganzen Person einbringen und bei dem zugleich ein Verstehen des anderen angestrebt wird." (Spinner 1993)

Neben diesen eher subjekt- und/oder sozialbezogenen Wirkungen hat das eigene Produzieren für die Kinder zum Ergebnis, daß ihr Vertrauen in die persönliche Ausdruckskraft gestärkt und ein Selbstbewußtsein der eigenen Sprache gegenüber aufgebaut wird. Die Erfahrung des schriftlichen Tuns liefert Wissen und Kenntnisse in bezug auf Schrift, wie sie durch ein vor allem rezeptives schriftsprachliches Handeln nie zu erwerben wären.

Durch das Spielen mit der Sprache, z.B. durch das Verändern eines Gedichtes, können die Schüler ihre Scheu vor der Literatur verlieren und die Ehrfurcht wird verblassen. Sie wissen jetzt, daß Mittel und Verfahren literarischer Produktionen bewußt angewendet werden.

Sie selbst haben sich ja auch als Gestalter und Schöpfer, als Textproduzenten erlebt.

Zur Vorgehensweise

Zum Einstieg in die ver- und bezaubernde Welt des Schreibens und des schriftlichen Erzählens für Kinder der Klassen 5–7 werden hier Spiele vorgestellt, die zunächst nur das reine Erzählen fördern sollen, ohne sich vordergründig um das Schreiben zu kümmern. Dies geschieht mit der Absicht, die Kinder langsam und spielerisch mit dem Erzählen von Geschichten vertraut zu machen.

Es folgen Schreibspiele, die sich mit der Person des Kindes und seiner Umgebung auseinandersetzen. Sie bieten dem Kind einen größeren Freiraum, da es zunächst von bekannten Dingen und Situationen ausgehen kann, bevor größere Abstraktion gewünscht wird. Ein Ziel dieser Spielesammlung ist die Ausbildung der Erzählfähigkeit. Gerade bei Kindern läßt sich diese noch leicht wecken und entfalten.

Folgende Elemente sollten beim angeleiteten Schreiben mit erzählenden Elementen Beachtung finden:

1. Es muß für die Kinder einen Erzählanlaß geben. Dabei ist es völlig belanglos, wie dieser Erzählanlaß zustande kommt, ob er erfunden, provoziert oder schon vorgegeben ist. Wichtig ist eine minimale Ungewöhnlichkeit, die des Erzählens würdig ist.

2. Es muß eine Orientierung der Personen in einem Raum/Zeit-Gefüge hergestellt werden.

3. Aus dem besonderen Ereignis entsteht im Vergleich zum Alltagsgeschehen eine Komplikation mit Konsequenzen für die handelnden Personen und deren innere und äußere Reaktionen. Dies ist das Kernstück der

Erzählung, das in mehreren Schritten entfaltet wird. Der Schluß zeigt Veränderungen durch das besondere Ereignis in der erzählenden Wirklichkeit und führt in die reale Welt zurück. (vgl. Merkelbach 1993)

Das freie kreative Schreiben zu fördern, also das Assoziieren von Wörtern bis hin zur Dada Gedichtcollage, bietet ebenfalls interessante Möglichkeiten, mit der Sprache und dem Schreiben umzugehen. Dies wird den Kindern spielerisch im vierten Kapitel nahegebracht. Zum Abschluß geht dieses Buch mit einigen Spielen auf die Möglichkeit der Selbsterfahrung beim Schreiben und der Heilerfahrung durch das Schreiben ein.

WORTSPIELEREIEN

ZAUBERSÄCKCHEN

Wortspiel
Dauer: ca. 10–15 Minuten
Ort/Eignung: Stuhlkreis
Material: ein kleines Stoffsäckchen und ein geheimer Gegenstand, der in dieses Säckchen paßt

Beschreibung des Spiels

Ein Säckchen wird in den Stuhlkreis gegeben mit dem Impuls: „Ich möchte, daß wir ein neues Ratespiel versuchen. Es geht darum, einen versteckten Gegenstand nur mit unseren Händen wiederzuerkennen."
Die Lösung darf erst verraten werden, wenn alle Kinder in das Säckchen gefühlt haben. Danach werden Lösungsvorschläge an die Tafel geschrieben. Das Kind mit dem letzten Lösungsvorschlag darf den Gegenstand aus dem Säckchen holen.
Als zusätzliche Anregung sollte der Lösungsbegriff von den Kindern um ergänzende Angaben erweitert werden.
Z.B.: Ein Bleistift ist im Säckchen. Dann könnten weitere Angaben sein:
Der neue Bleistift
Der neue Bleistift schreibt in grauer Farbe.
Der neue Bleistift schreibt in grauer Farbe eine Geschichte.
Der neue Bleistift schreibt in grauer Farbe eine Geschichte in unser Heft.

Variationen

Die Kinder bringen eigene Gegenstände für das Säckchen mit.

Für den Fall, daß ein Gegenstand zu groß für ein Säckchen ist, können den Kindern die Augen verbunden werden.

Als Tischgruppenspiel können die Kinder selbständig mit dem Zaubersäckchen spielen. Dazu können mehrere Gegenstände in dem Säckchen versteckt sein. Die Kinder ertasten diese und schreiben ihre Vermutung über den Inhalt ins Heft. Anschließend können wieder Assoziationen zum Gegenstand hinzugefügt werden.

Jedes Kind bringt für seinen Tischnachbarn ein Zaubersäckchen mit und schreibt dazu einen Rätseltext. Kann der Tischnachbar das Rätsel auf Grund des Textes nicht lösen, darf er zur Hilfe ins Säckchen fassen.

Kommentar

Dieses Spiel stellt eine hohe Anforderung an die Selbstdisziplin des einzelnen Kindes, die Lösung nicht zu verraten, bevor alle Kinder das Säckchen in ihren Händen gehalten haben.

Durch die Anregungen, Assoziationen zum Gegenstand zu finden, werden die sprachlichen und kreativen Prozesse angeregt.

Bei der Rätselvariation wird deutlich, wie genau ein Kind seinen Tasteindruck für ein anderes Kind wiedergeben kann.

Es ist sicherlich für die Lehrperson sehr interessant, sich an diesem Spiel zu beteiligen und dadurch die Freude des gemeinsamen Rätselns zu erhöhen.

REIM-MEMORY

Sprachschreibspiel
Dauer: ca. 20 Minuten
Ort/Eignung: Tischgruppen
Material: kleine Pappkarten in Form von Memorykarten

Beschreibung des Spiels
Auf die vorbereiteten Memorykärtchen werden jeweils zwei Zeilen, die sich reimen, geschrieben, und ein gleiches Symbol markiert. Die Karten werden wie beim Memory umgedreht und gemischt auf dem Tisch verteilt. Zieht eines der Kinder einen passenden Reim, darf es noch einmal.

Variation
Wenn ein Reim gefunden ist, kann er aufgeschrieben werden und ausgehend von diesen beiden Anfangsreimen kann dann ein Gedicht gemacht werden.
Es können aber auch Nonsens-Gedichte entstehen aus den Teilen, die beim Memory nicht zusammenpassen.

Kommentar
Dieses Spiel fördert die Konzentration und die Sprachfähigkeit. Spielerisch lernen die Kinder, mit den Reimformen umzugehen und sie weiterzuführen. Die Kin-

der werden ermuntert, selbst zu reimen, das wiederum fördert die sprachliche und gedankliche Entwicklung und den Spaß an der Sache.

AFFEN ÄFFEN ALLES NACH

Würfelwortspiel
Dauer: ca. 15–20 Minuten
Ort/Eignung: Tischgruppen
Material: ein oder zwei Würfel

Beschreibung des Spiels

Jedes Kind würfelt mit einem sechsseitigen Würfel eine Zahl. Diese Zahl bestimmt die Anzahl der Wörter, die mit dem selben Anfangsbuchstaben beginnen müssen. Die Wörter müssen einen Sinn ergeben. Also z.B. bei einer gewürfelten drei: Alle Affen albern…
Zu Beginn könnte das Kind den Anfangsbuchstaben des eigenen Namens nehmen. Wenn z.B. Bernd eine fünf würfelt, könnte die Wortkette so aussehen: Bitte Bärchen, bade beide Beine o.ä.

Variationen

Das Spiel kann quer durch das ganze Alphabet gehen. Man kann den Schwierigkeitsgrad erhöhen, indem man einen weiteren Würfel dazunimmt. Aus den entstandenen Sätzen kann auch ein Gedicht oder ein Text zusammengestellt werden.

Kommentar
Dieses Spiel erweitert den Wortschatz der Kinder und schafft kreativen Raum für neue Wortkonstruktionen. Es erfordert Phantasie und bringt jede Menge Spaß.

DAS JONGLEURSPIEL

Sprachschreibspiel
Dauer: ca. 20 Minuten
Ort/Eignung: Tischgruppen
Material: 50 oder mehr Buchstabenkärtchen aus Pappe

Beschreibung des Spiels

Es müssen zuerst Buchstabenkärtchen geschrieben werden. Alle Buchstaben des Alphabetes sollten mehrmals vorkommen; die Vokale sollten fünfmal häufiger vertreten sein als die Konsonanten. Aus diesen Kärtchen werden Wortpaare gesucht, die sich aus denselben Buchstaben bilden lassen.

Z.B. rot   – Tor
     aber – Rabe
     Eber – Rebe

Variationen

Aus einem langen Wort sollen möglichst viele neue Wörter gefunden werden. Zum Beispiel: Blumentopferde. Welche Wörter stecken da drin?
Leute, Freude, Ulme, Mulden, usw.

Kommentar

Dieses Spiel erweitert den Wortschatz der Kinder. Die Konzentration wird gefördert, und die Rechtschreibung wird geübt.

SCHRIFTCOLLAGEN

Wort- und Schreibspiel
Dauer: beliebig
Ort/Eignung: Tischgruppen
Material: Zeitungen, Zeitschriften, alte Bücher, eine große Kartonpappe

Beschreibung des Spiels

Jedes Kind sucht aus Zeitungen, Zeitschriften, u.ä. Wörter heraus, die ihm gefallen. Die Wörter werden ausgeschnitten und in einer kleinen Schachtel gesammelt. Wenn die Sammlung abgeschlossen ist, werden die Wörter auf den Tisch geschüttet. Gemeinsam stellt nun die Gruppe auf einer Kartonpappe einen Text her. In diesem Text sollen möglichst viele Wörter aus der Sammlung vorkommen.

Variationen

Dieses Spiel kann unter beliebigen thematischen Vorgaben gespielt werden. Es kann zur Aufgabe gemacht werden, daß in dem Text keine anderen Wörter enthalten sein dürfen, als die bereits ausgeschnittenen.

Kommentar

Dieses Spiel stellt hohe Anforderungen an eine gemeinsame Gruppenarbeit, da die Kinder sich auf den Text
einigen müssen. Das sprachliche Können der Kinder
wird trainiert und der Wortschatz erweitert.

DASLÄNGSTEWORTERFINDE-SPIEL

Wortschreibspiel
Dauer: ca. 5–10 Minuten
Ort/Eignung: Tischgruppen
Material: Papier und Stifte

Beschreibung des Spiels

Ein Kind schreibt ein Wort auf ein Blatt und reicht dieses Blatt seinem Nachbarn weiter. Der hängt nun ein zweites Wort daran und so weiter. Das letzte Kind an diesem Tisch kann dann dieses Wort vorlesen.

Variationen

Man kann dieses Spiel auch mündlich im Stuhlkreis spielen. Ein Kind sagt ein Wort und jedes weitere Kind hängt ein Wort daran. Dabei können dann solche Wörter wie ANTISCHMUTZGUMMIMATTENFABRIKATIONSSTANDORTBERATERBÜROFACHRAUMPFLEGERINVERTRETUNGSPLAN entstehen.
Zu diesen Wörtern kann dann eine Beschreibung erfunden werden. Zum Beispiel: Was soll/kann man sich unter dem oben genannten, recht eigenwilligen Vertretungsplan vorstellen?

Kommentar

Dieses Spiel fördert die Phantasie und macht aufgrund der Neuschöpfungen auch ziemlich viel Spaß. Der Wortschatz wird erweitert, die Phantasie wird angeregt und die Konzentration trainiert.

DAS TRENNZEICHEN-SPIEL

Schreibspiel
Dauer: ca. 10–15 Minuten
Ort/Eignung: Tischgruppen
Material: Papier, Stifte und Schere

Beschreibung des Spiels

Für dieses Spiel werden lange Wörter gesucht und aufgeschrieben, am besten in großen Buchstaben auf viel Papier. Dann sollen mit Hilfe der Schere möglichst viele sinnentstellende Trennungen gefunden werden.
Z.B. Spargelder – Spargel der
　　　beinhalten – Bein halten
　　　Urinstinkt – Urin stinkt
　　　usw.

Variationen

Das Spiel kann auch andersherum gespielt werden. Aus den getrennten Wörtern sollen wieder komplette Wörter gebildet werden.
Es können neue Kombinationen mit den getrennten Hälften probiert werden.
Z.B. Beinspargel
　　　Urinhalten
　　　Stinktder
Zu diesen neuen Wörtern können dann Erklärungen gefunden werden. Z.B. Was genau ist eigentlich ein Beinspargel und wo wächst der?

Kommentar

Dieses Spiel fördert Phantasie und gute Laune. Ganz nebenbei wird auch die Rechtschreibung geübt. Der Wortschatz wird erweitert.

LEXIKONSPIEL

Schreibspiel
Dauer: ca. 20 Minuten
Ort/Eignung: Tischgruppen
Material: Papier und Stifte, Lexika

Beschreibung des Spiels

Jedes Kind sucht einen interessanten, komischen oder verwirrenden Begriff aus dem Lexikon heraus, schreibt ihn auf einen Zettel und wirft diesen Zettel in die Mitte des Tisches. Diese werden dann gemischt und jedes Kind am Tisch zieht einen Zettel. Mit viel Phantasie

oder vielleicht auch mit Wissen ist der Begriff dann schriftlich zu erklären. Die Ergebnisse werden vorgelesen.

Variationen

Statt einer Erklärung werden drei Erklärungen aufgeschrieben, worunter dann eine richtige sein muß. Die Mitspieler müssen nun raten, welche Erklärung den Begriff richtig kennzeichnet.

Kommentar

Dieses Spiel eignet sich zur Wortschatzerweiterung. Der Umgang mit Nachschlagewerken wird geübt und der Phantasie sind keine Grenzen gesetzt.

BABYLON

Sprachschreibspiel
Dauer: ca. 15 Minuten
Ort/Eignung: Tischgruppen
Material: Papier und Stifte, Kärtchen mit Gesprächs-
themen

Beschreibung des Spiels

Sechs Kinder stellen sich in einem Kreis auf. Jedes Kind
bekommt ein Themenkärtchen und einen ganz bestimmten Gesprächspartner in der Sechserrunde. Auf
ein Zeichen reden alle Sechs gleichzeitig los und versuchen, soviel wie möglich den anderen von ihrem
Thema zu vermitteln. Da es wahrscheinlich ein heillo-
ses Durcheinander geben wird, kann es bei diesem
Spiel sehr laut werden. Auf ein weiteres Zeichen hin
hören alle gleichzeitig auf zu reden. Jedes Kind schreibt
nun auf, was es glaubt, von seinem Gesprächspartner
erfahren zu haben. Die Geschichten werden dann vorgelesen.

Variationen

Je nach Mut und Ausdauer der SpielleiterInnen lassen
sich die Gruppen des babylonischen Sprachdurchein-
anders auch vergrößern.

Kommentar

Bei diesem Spiel wird die Konzentration der Kinder trainiert und auch die Kooperation, denn es gilt ja, trotz des Geschreis der anderen so viel wie möglich vom eigentlichen Gesprächspartner mitzubekommen.

GEFLÜGELTER WORTSALAT

Schreibspiel
Dauer: ca. 20 Minuten
Ort/Eignung: in Paaren
Material: Stifte und Papier

Beschreibung des Spiels

Berühmte Sprichwörter werden mit einem Satz ange-
fangen, den der zweite Mitspieler dann zu Ende führen muß. Kennt er das Ende des Sprichwortes nicht,
muß er die zweite Hälfte erfinden.

„WER ANDERN EINE GRUBE GRÄBT
IST SELBST EIN SCHWEIN"

oder so ähnlich.

Variationen

Die einzelnen Sätze der Sprichwörter werden auf Kärtchen geschrieben. Diese Kärtchen werden verdeckt auf
den Tisch gelegt und wie im Memory zusammenge-
sucht. Zu jedem Sprichwort kann dann ein dritter Satz
hinzuerfunden werden.

Kommentar

Bei diesem Spiel ist die Kenntnis von Sprichwörtern eine wichtige Voraussetzung, sonst funktioniert das Spiel nicht. Aber das Hinzudichten von neuen Zeilen ist eine spannende und interessante Wortschatzerweiterung.

PERSÖNLICHKEITSSPIELE

NAMENSPIEL

Schreibspiel
Dauer: ca. 15 Minuten
Ort/Eignung: Stuhlkreis, Tischgruppe
Materialien: Stifte und Papier

Beschreibung des Spiels

Jedes Kind schreibt seinen Vornamen in Großbuchstaben untereinander. Dann wird jeder Buchstabe zum Anfangsbuchstaben eines neuen Wortes. Aufgabe ist es nun, eine Geschichte zu schreiben, in der alle diese Wörter vorkommen.

Z.B.

P ferd
E ssen
T orte
E isenbahn
R ührei

Variationen

Neben dem eigenen Namen können natürlich die Namen von Freunden oder den Eltern genommen werden.

Kommentar

Dieses Namenspiel fördert die Kreativität und den Mut,
Geschichten zu erfinden. Diese Geschichten haben den
Vorteil, einen begrenzten Rahmen zu haben, und eig-
nen sich als Einleitung zum freieren Umgang mit dem
Schreiben.

BRUMM BRUMM BRUMM DER REIM GEHT UM

Wortspiel
Dauer: ca. 10–20 Minuten
Ort/Eignung: Tischgruppen, Stuhlkreis
Material: evtl. Papier und Bleistifte

Beschreibung des Spiels

Die Kinder sitzen in Tischgruppen oder im Kreis zusammen und jedes Kind stellt sich selber mit einem Reim vor.
Z.B.
Ich bin der schlaue Peter
und die Kinder fragen immer
kommt er oder geht er

Ich heiße Sandra
und nicht Wanda

Ich heiße Lischen und ich möchte vieles tun
und danach mich auch ausruhen.
usw.
Diese Reime können aufgeschrieben werden und zu einem Gedicht zusammengefaßt werden.

Variationen

Die Kinder können Reime für ihre Freunde oder ihre Tischnachbarn erfinden.

Kommentar

Das Reimen fördert und unterstützt die sprachliche Entwicklung. Die Sprachmelodie wird deutlicher, und die Kinder lernen die Verbindung von Inhalt und Melodie der Sprache spielerisch.

WÖRTER-SÄTZE-TEXTE

Schreibspiel
Dauer: ca. 10–20 Minuten
Ort/Eignung: kleine Tischgruppen
Material: vorbereitete Zettel, evtl. Würfel

Beschreibung des Spiels

In einer kleinen Gruppe von sechs bis acht Kindern denkt sich jedes Kind ein besonders schönes Wort aus. Dieses Wort wird auf einen Zettel geschrieben und in die Mitte des Tisches gelegt. Dann werden alle Wörter vorgelesen und jedes Kind schreibt nun seine eigene Geschichte, worin alle vorgelesenen Wörter vorkommen müssen.

Variation

Die Wörter können auch gewürfelt werden. Z.B. Wörter mit 2,3,4,5,6 Buchstaben. Bei einer eins müssen Wörter mit mehr als sechs Buchstaben erfunden werden. Diese Wörter werden wieder aufgeschrieben und ebenso in die Mitte des Tisches gelegt.

Kommentar

Dieses Spiel fördert die gemeinschaftliche Arbeit der Kinder. Denn jedes Kind hat ein Wort zu diesen Geschichten beigetragen. Die Kinder erfahren gleichzeitig die Unterschiedlichkeit, weil jedes eine andere Geschichte schreiben wird, obwohl alle die gleichen Wörter benutzen.

SCHLAGZEILENSAMMLUNG

Schreibspiel
Dauer: ca. 20–30 Minuten
Ort/Eignung: kleine Tischgruppen oder Großgruppe
Material: Zeitungen

Beschreibung des Spiels

Jedes Kind sucht sich aus einer genügend großen Sammlung eine Schlagzeile heraus und schreibt dazu eine Geschichte. Die Geschichte wird entweder in der Kleingruppe oder in der Großgruppe vorgelesen.

Variationen

Man kann dieses Spiel erweitern, indem man Bilder, Fotos, Kunst und andere Postkarten zur Auswahl stellt und eine Schlagzeile dazu verdeckt gezogen wird. Das ergibt meist eine interessante Gegenläufigkeit der Themen.

Kommentar

Dieses Spiel fördert die Phantasie und die Ausdrucksfähigkeit der Kinder. Gleichzeitig kann die Aufmachung der unterschiedlichen Zeitungsmeldungen betrachtet und bearbeitet werden. In der Variations-

möglichkeit werden von den Kindern interessante Ver-
bindungsmöglichkeiten von Bild und Sprache erwartet.

IN DIESEM HAUS WOHNT...

Schreib- und Gestaltungsspiel
Dauer: zeitunabhängig, da es immer wieder gespielt werden kann
Ort/Eignung: Klassenraum, kann auch klassenübergreifend gespielt werden

Beschreibung des Spiels

Jedes Kind bekommt einen Briefumschlag, der aufgeklappt wie ein kleines Haus aussieht. Dieser Briefumschlag wird von den Kindern bemalt und so, daß die Rückseite noch zugänglich ist, mit der Spitze an einer Leine im Klassenzimmer aufgehängt. Dadurch entsteht eine Straße, in der alle Kinder dieser Klasse ihre Häuser haben. Nun beschreiben die Kinder durch eine kleine Geschichte ihr Haus.
„Hier wohne ich…" Diese Geschichte wird vorgelesen.

Variationen

Es können nicht nur die eigenen Häuser beschrieben werden, sondern auch die der Klassenkameraden.
Dabei werden Vorstellungen entwickelt, wie die anderen Kinder leben.
Eigene Familiengeschichten können für die anderen geschrieben werden.
Es können auch Phantasiehäuser beschrieben werden.
„Hier wohne ich, wenn ich groß bin…"
Die aufgehängten Briefumschläge dienen auch als

Briefkästen für erste Botschaften von Haus zu Haus.
Die Straße kann erweitert werden zu einer Stadt mit eigenem Namen.
Schreibanregung: Was gehört dazu? Wie soll es aussehen? Einkaufsmöglichkeiten, Spielplätze, Schwimmbäder usw.
Klassenübergreifend können verschiedene „Häuserstraßen" zu einer Straße in unserer „Schulstadt" werden.

Kommentar

Dieses Spiel eignet sich für Klassen, die sich neu kennenlernen. Kinder sind so in der Lage, auch andere soziale Schichten kennenzulernen. Sie erfahren, welche Bedeutung das Wohnen für die einzelnen Kinder hat, und sie lernen etwas über sich und ihre Klassenkameraden. Darüber hinaus wird das Briefeschreiben als traditionelles Kulturgut spielerisch vermittelt. Die Freude am Briefeschreiben und am Briefebekommen wird gefördert. Da das Schreiben bei diesem Spiel nicht der alleinige Mittelpunkt ist, eignet sich dieses Spiel dazu, Schreibmuffel langsam und spielerisch zu motivieren.

IN UNSERER STRASSE, IN UNSE-RER STADT WOHNEN...

Schreib- und Gestaltungsspiel
Dauer: zeitunabhängig
Ort/Eignung: Stuhlkreis, Klassenraum
Material: evtl. Stifte und Papier

Beschreibung des Spiels

Die Kinder erinnern sich an Personen aus ihrer Umgebung (Haus, Straße oder Stadt) und schreiben deren Eigenschaften oder andere Auffälligkeiten auf, so daß die anderen Kinder eine Vorstellung von dieser Person entwickeln können. Dazu gehört, auf besondere Merkmale der Personen hinzuweisen. „In unserer Straße wohnt eine alte Frau, die hat immer ganz rot geschminkte Lippen..." usw.
Diese Minigeschichten werden dann vorgelesen und gemeinsam können dann z.B. durch Assoziationsketten, Lebensgeschichten dieser Personen erfunden werden.

Variationen

Es können Phantasiepersonen erfunden werden.
Dieses Spiel kann gestalterisch unterstützt werden, indem die Kinder diese Personen zuerst malen und dann beschreiben.
Es können Puppen nach diesen Personen gestaltet

werden, die dann durch das Spiel ein eigenes Leben bekommen würden. Ein gemeinsames Szenenspiel kann geschrieben werden.

Z.B. „Wenn Oma Lippenstift den Klaus aus der Lustigstraße trifft…"

Ein Brief der erfundenen Person kann an die Klasse adressiert werden. Oder die Kinder können sich vorstellen, was die Person wohl schreiben würde, wenn sie der Klasse einen Brief schreiben würde…

Z.B. Familie Weber ist neu in unserer Straße, sie sind umgezogen, die Familie hat zwei Kinder…

Die Kinder können dann auf den Brief antworten. Aus eigenen Erfahrungen berichten.

Ein Kind aus dem Ausland zieht in unsere Straße…

Kommentar

Dieses Schreibspiel unterstützt die Wahrnehmung der anderen Personen. Es weckt das Interesse an anderen Schicksalen und fördert das Verständnis für die Mitmenschen. Das Schreiben ist in diesem Spiel ein Mittel, das je nach Klasse mehr oder weniger intensiv eingesetzt werden kann. Durch das Briefeschreiben finden die Kinder zu einer versachlichten Mitteilungsform. Sachaussagen, Kommentierungen, indirekte Rede und eigene Erwartungen werden in diesen Texten miteinander verbunden.

DAS HANDSTANDSPIEL

Schreibspiel
Dauer: ca. 5–10 Minuten
Ort/Eignung: Tischgruppen
Material: Stifte und Papier

Beschreibung des Spiels

Jedes Kind schreibt seinen Namen rückwärts. Zuerst den Vornamen, dann den Nachnamen. Alle Namen werden vorgelesen. Dann können aus diesen „neuen Kindern" neue Mitschüler werden, die ihre Lebensgeschichte neu erfinden. Jedes Kind schreibt eine Lebensgeschichte zu seinem rückwärts gelesenen Namen. Vielleicht purzelt in der Geschichte ja dann auch einiges durcheinander. Die lustigste Geschichte wird mit einem kleinen Preis belohnt.

Variationen

Es gibt viele Wörter, die sich vorwärts und rückwärts gleichermaßen lesen lassen. Wie viele davon kann man finden? Wer findet das schönste und längste Wort? z.B. Reliefpfeiler.
Eine weitere Möglichkeit ist es, Wörter zu finden, die umgekehrt einen neuen Sinn ergeben, z.B. LEBEN / NEBEL oder TOR / ROT

Kommentar

Diese Spiele üben den Umgang mit den Wörtern. Der Sprachschatz wird erweitert und die Phantasie wird angesprochen. Außerdem kommen gelegentlich dabei auch sehr lustige Sachen heraus.

SCHREIBSPIELE UND ERZÄHLERISCHE ELEMENTE

REIZWORTGEDICHTGEWITTER

Sprachschreibspiel
Dauer: ca. 10–20 Minuten
Ort/Eignung: Tischgruppe oder größer

Beschreibung des Spiels

Es werden wahllos vier Wörter in die Gruppe gege-
ben, aus denen die Kinder ein vierzeiliges Reimgedicht
machen sollen.
Z.B.
Clown, traurig, Schauen, Nase
Das Gedicht soll einen Sinn haben, also kein Nonsens-
Gedicht.

„Es war einmal ein Clown,
Der tat ganz traurig schaun,
Der kühlte sich die Nase,
Denn man hatte ihn verhaun."

Variationen

Die Wörter können auch ausgelost werden oder an das
Thema des Unterrichtes angepaßt sein.

Kommentar

Dieses Spiel fördert das sprachliche Verständnis, erweitert den Wortschatz und bildet für die Kinder eine Brücke zwischen Inhalt und Form der Sprache.

FIGURENMIX

Sprach- und Schreibspiel
Dauer: ca. 30 Minuten
Ort/Eignung: Tischgruppen

Beschreibung des Spiels
Jedes Kind am Tisch erfindet eine Figur und erzählt sie den anderen. Die Figur kann frei gewählt werden oder auch themengebunden sein. Es dürfen z.B. nur Comicfiguren gewählt werden o.ä.
Nachdem den anderen Kindern die Figur hinreichend beschrieben ist, werden drei oder mehr Figuren ausgewählt, die miteinander etwas zu tun haben. Jedes Kind erfindet nun ein Handlungsgeschehen, in dem die ausgewählten Figuren vorkommen.

Variationen
Statt der Personen können andere Dinge beschrieben werden.
Z.B. Was machen ein gelber Stuhl, ein grüner Tisch und ein roter Ball am Sonntagnachmittag alleine zu Hause?
Auch hier sind Vorgaben möglich, in welchem Genre die Geschichte spielen soll.

Kommentar

Für dieses Spiel gilt ebenfalls, daß es sehr die Phantasie anregt. Aber die Abstraktionsfähigkeit der Kinder muß bereits gut entwickelt sein. Das Kind muß aus der gehörten Beschreibung den entsprechenden Personen eine Handlung zuweisen können. Das erfordert neben Kreativität und Phantasie ein hohes Maß an Vorstellungsvermögen.

WER / WO / WAS GESCHICHTEN

Schreibspiel
Dauer: beliebig
Ort/Eignung: Tischgruppen
Material: unterschiedliche farbige Zettel

Beschreibung des Spiels

Jedes Kind am Tisch bekommt drei leere Zettel von unterschiedlicher Farbe (z.B. rot grün blau).
Auf den roten Zettel schreibt das Kind den Namen einer Person, auf den grünen Zettel einen Ort, eine Straße oder eine Gegend. Auf dem blauen Zettel wird der Typ der Geschichte festgehalten (z.B. Krimi, Liebesroman, Wildwest-Geschichte usw…).
Dann werden die Zettel alle gemischt und jedes Kind zieht aus dem Stapel von jeder Farbe einen. Nach diesen Vorgaben soll die entsprechende Geschichte geschrieben werden.

Variationen

Selbstverständlich läßt sich dieses Spiel in größeren Gruppen spielen, womit die Chance verringert wird, die eigenen Zettel zu ziehen.
Die Personen und Orte können auch themengebunden sein. Z.B. können die Personen aus den Märchen stammen oder die Orte nur in Deutschland liegen o.ä.

Kommentar

Dieses Spiel ist für die Kinder anregend. Es setzt eine gewisse Abstraktionsfähigkeit voraus, da die Kinder Personen und Orte miteinander in Verbindung bringen müssen. Ferner übt es, den Inhalt einer Geschichte in ein vorgegebenes erzählerisches Element zu bringen. Dies wiederum kann sehr unterhaltsame Effekte haben, wenn beispielsweise die Lehrerin als Person auf dem Zettel steht, der Ort ein Schwimmbad ist, und das ganze in einem Science Fiction spannend erzählt werden soll.

DIE UNENDLICHE GESCHICHTE

Schreibspiel
Dauer: je nach Klassengröße 20–30 Minuten
Ort/Eignung: Klassenspiel
Material: Stifte und ein sehr langes Blatt Papier

Beschreibung des Spiels

Es soll eine „unendliche Geschichte" geschrieben werden. Eines der Kinder beginnt auf dem langen Papier
einen Geschichtenanfang, und jedes Kind in der Klasse fügt zwei oder drei Sätze hinzu. Diese Geschichte
wird am Ende vorgelesen.

Variationen

Man kann dieses Spiel natürlich auch in kleineren
Gruppen spielen, so daß die Geschichte eine über-
schaubare Länge erhält. Als Tischgruppenspiel gäbe
es den entscheidenden Vorteil, daß die Kinder nicht so
lange warten müssen, bis sie schreiben dürfen. Es könnten dann innerhalb einer Klasse mehrere Geschichten
entstehen.
Vorher kann vereinbart werden, eine Nonsens-Ge-
schichte zu schreiben. Das heißt, die einzelnen Kinder
schreiben, was ihnen gerade Spaß macht, ohne sich
darum zu kümmern, was vor ihnen geschrieben wurde.

Kommentar

Dieses Spiel fördert die Lust am Schreiben, da die Kinder aus der eigenen Phantasie heraus schreiben dürfen. Gleichzeitig wird soziales Verhalten geübt, da die Kinder mit den einzelnen Geschichtsfragmenten aufeinander eingehen sollten. Die Phantasie wird angeregt und das Formulieren von Sätzen wird geübt.

GERÄUSCHGESCHICHTEN

Schreibspiel
Dauer: 20–30 Minuten
Ort/Eignung: Gruppe in Klassengröße
Material: eine Kassette mit verschiedenen Geräuschen, Stifte und Papier

Beschreibung des Spiels

Auf einer Tonbandkassette werden willkürliche Geräusche hintereinander aufgenommen. Am besten eignen sich 6–12 Geräusche, die jeweils 15–20 Sekunden lang zu hören sein sollten. Zwischen den einzelnen Geräuschen sollten kurze Pausen liegen.
Den Kindern wird nun die Kassette vorgespielt. Sie sollen dann an Hand der Geräusche eine Geschichte niederschreiben, die anschließend vorgelesen wird.

Variationen

Jedes Kind in einer Tischgruppe denkt sich ein Geräusch aus, das es für die anderen macht, und die Kinder schreiben danach ihre Geschichte.

Kommentar

Bei diesem Spiel kommt es für die Kinder darauf an,
Gehörtes in Bilder umzuwandeln, die sie aufschreiben
können. Dieses Spiel fördert die Phantasie und unterstützt das erzählerische Talent.

WAHR ODER NICHT WAHR

Schreibspiel
Dauer: ca. 15–20 Minuten
Ort/Eignung: Tischgruppen oder auch größere Gruppen
Material: Papier und Stifte

Beschreibung des Spiels

Jedes Kind erinnert sich an ein besonders spannendes Abenteuer in seinem Leben. Dieses Abenteuer soll nun aufgeschrieben werden. Dabei darf ruhig geflunkert werden. Wenn die Geschichte fertig ist, soll sie vorgelesen werden und die anderen Kinder sollen raten, ob sie wahr ist oder nicht. Sinn des Spieles ist, eine Phantasie-Geschichte so zu beschreiben, daß sie auch wahr sein könnte.

Variationen

Die Lügengeschichten des Herrn Baron Münchhausen gilt es noch zu übertreffen. Wer schreibt die unglaublichste und sagenhafteste Lügengeschichte, die man sich nur vorstellen kann?

Kommentar

Bei den wahren oder unwahren Geschichten sind besonders die SpielleiterInnen gefordert. Denn bei der Behauptung „wahr" oder „nicht wahr" tauchen schon mal

Konflikte auf. Schließlich kann eines der Kinder ja durchaus der Meinung sein, es sei absolut wahr, daß es morgens mit Winnetou frühstückt. (Es soll nicht nur berühmte Indianer mit diesem Namen geben, sondern auch Wellensittiche.)

Ansonsten regt das Spiel die Phantasie und die Kommunikation an. Es lehrt Kinder zuzuhören und auf genaue Details zu achten, die Hinweise geben könnten, ob die Geschichte wahr ist oder nicht. Das Spiel fördert die Lust am Geschichtenerfinden.

SENSATIONEN AUS DEM URLAUB

Schreibspiel
Dauer: ca. 20–30 Minuten
Ort/Eignung: Tischgruppen
Material: Papier, Stifte, Zeitschriften

Beschreibung des Spiels

Ein Stapel Zeitungen kommt in die Mitte des Tisches. Welche der Schlagzeilen könnte aus einem Urlaubsort stammen. Wie kann man sie so aufmöbeln, daß daraus ein Sensationsbericht wird? Die Kinder schreiben ihre aktuelle Sensationsmeldung von Morgen.
Z.B.
Nixcapito, 20. Mai
Martha B. aus S. ist von einem ausgebrochenen Ätna überfallen worden. Der junge Mann ist ziemlich groß und hat ein eher hitziges Temperament usw…

Variationen

Die einzelnen Zeitschriften haben unterschiedliche Überschriften, wie lautet die gleiche Story in verschiedenen Zeitungen?
Wie kann man Orte und Namen so verdrehen, daß es ein geheimnisvolles Abenteuer wird?

Kommentar

Dieses Spiel eignet sich für Schulklassen besonders vor oder nach den Sommerferien. Wenn die Urlaubserwartungen sehr hoch sind, oder die Eindrücke aus dem fremden Land noch sehr frisch sind. Das Spiel erfordert eine Kombination von Inhalten und Begriffen, die nicht unbedingt zusammenpassen müssen. Kreativität und Phantasie sind gefragt.

PROBLEMGESCHICHTE

Schreibspiel
Dauer: 15–25 Minuten
Ort/Eignung: Tischgruppen
Material: Stifte und Papier

Beschreibung des Spiels

Jedes Kind in der Tischgruppe denkt sich eine Figur
aus und erfindet dazu eine Handlung. Diese Handlung
sollte bis zu einem Konfliktpunkt beschrieben werden,
dann wird der Zettel an den Nachbarn weitergereicht.
Das Nachbarkind entwirft die Lösung des Problems.

Variationen

Die Figuren der Handlung können vorher von einem
dritten Kind mündlich oder schriftlich festgelegt werden, so daß drei statt zwei Kinder zusammen arbeiten.
Durch weitere Teilung der Aufgaben können immer
mehr Kinder in die gemeinschaftliche Lösung des Problems einbezogen werden.

Kommentar

Dieses Spiel fördert das erzählerische Element, da eine
Figur und eine Handlung erfunden werden. Es gilt, die
Spannung aufzubauen und für einen anderen so ver-
ständlich zu machen, daß er das geschilderte Problem

lösen kann. Neben Phantasie und Einfühlungsvermögen werden bei der Problemlösung spannende Ideen und spontane Einfälle gefordert.

FREIES SCHREIBEN

WORTSCHATZKÄSTLEIN

Wortsammelschreibspiel
Dauer: zeitunabhängig
Ort/Eignung: Klassenraum
Material: Papier und Stifte

Beschreibung des Spiels

Es werden Wörter gesammelt, die nicht ganz alltäglich sind. Z.B. Gürtelrose, Nieswurz, Wendehals, Bimsstein, Bärenklau, Gurkenkönig usw.

Eines dieser „Zauberwörter" wird ausgewählt und die Kinder schreiben zu den einzelnen Begriffen zunächst eine Geschichte, in der sie ihrer Phantasie freien Lauf lassen. Z.B. über die Mutmaßung, was es denn mit dem Goldregen auf sich hat…

Später werden die Begriffe gemeinsam im Lexikon nachgeschlagen und erklärt.

Variationen

Aus zusammengesetzten Substantiven können neue Wörter gebildet werden, zu denen eine Geschichte zu schreiben ist. Z.B. Waldschiff, Autohaus, Flaschenwiese, Blumenwand, Rahmentisch, Mausefächer usw.

Jedes Kind wählt sich einen Begriff aus und beschreibt ihn. Die Texte werden in der Klasse vorgelesen.

Es können Rätsel geschrieben werden, in denen erfundene und seltene Worte miteinander kombiniert werden, und herausortiert werden muß, welches Wort es gibt und welches nicht.

Kommentar

Das Anlegen einer solchen Wörterkartei fördert in der Regel den Wissensdurst der Kinder, die danach streben, möglichst seltsame Wörter aufzustöbern. Allerdings muß vorher klar sein, ob es sich bei der Kartei um eine Sammlung erfundener Wörter, oder um eine gewöhnliche Wortsammlung handelt. Bei einer normalen Wortsammlung wird bei diesem Spiel neben der kreativen Schreibanregung auch das Allgemeinwissen erweitert.

SCHARADE

Schreib- und Gestaltungsspiel
Dauer: beliebig
Ort/Eignung: Kleingruppen oder zu zweit
Material: Papier und Stifte

Beschreibung des Spiels

Zusammengesetzte Substantive werden zerlegt in ihre Einzelwörter. Z.B. Löwen Zahn. Nun bekommen zwei Kinder jeweils ein Einzelwort und können dazu zwei oder drei Sätze schreiben. Anschließend werden diese Sätze ineinander montiert, um so wieder zu einem, wenngleich auch sehr entfremdeten Zusammenhang zu kommen.

Variationen

Dieses Spiel kann durch mimisch und gestisches Spielen vorgeführt werden, so daß die Kinder den Begriff raten müssen.

Kommentar

Dieses Spiel läßt die Verbindung von einzelnen Wörtern zu neuen Begriffen deutlich werden. Die Phantasie der Kinder wird angeregt und der Wortschatz wird erweitert.

ELFCHEN

Schreibspiel
Dauer: 15–20 Minuten
Ort/Eignung: Tischgruppen
Material: Papier und Stifte

Beschreibung des Spiels

Gedichteschreiben ist gar nicht schwer, wenn man dieses Spiel kennt. Das Elfchen besteht aus elf Wörtern, und man legt vor dem Spiel fest, ob man lieber ein Tier- oder ein Farbelfchen oder ein Autoelfchen usw. spielt. Beginnen wir also zunächst mit dem Farbelfchen.

Bei einem Farbelfchen steht in der ersten Zeile unseres Gedichtes eine Farbe. In der zweiten Zeile folgen zwei Wörter, die angeben, was diese Farbe hat. In der dritten Zeile sind drei Wörter nötig, die angeben, wie oder wo die Farbe (Gegenstand oder Mensch, je nachdem) ist. In der vierten Zeile wird der Einblick auf die Farbe mit vier Wörtern noch erweitert und in der letzten Zeile wird mit einem Ausrufezeichen ein einziges kommentierendes Wort geschrieben.

z.B. Farbelfchen

Grün
das Blatt
dem Wind gehorchend
die Laus noch dazu
ärgerlich!

oder:

Tierelfchen

Katze
lauert reglos
sich sicher wähnend
die Maus – ein Auto
mausetot!

Variationen
Diese Gedichtform läßt sich mit beliebigen Inhalten füllen. Z.B. Personenelfchen, Autoelfchen, Blumenelfchen usw.

Kommentar
Dieses Spiel erfordert einige Übung im Umgang mit der Sprache. Die Gedichte, die dabei entstehen, sind oft sehr beeindruckend. Das Spiel ist eine Übung für literarisches Schreiben.

DAS REPARIERTE GEDICHT

Schreibspiel
Dauer: ca. 20 Minuten
Ort/Eignung: Tischgruppen
Material: Ein Gedicht, Papier, Schere, Kleber und Pappe

Beschreibung des Spiels
Ein Gedicht wird auf ein Blatt geschrieben.

Z.B.
In einem kühlen Grunde
da geht ein Mühlrad,
mein Liebste ist verschwunden
die dort gewohnt hat
sie hat mir treu versprochen
gab mir einen Ring dabei
sie hat die Treu gebrochen,
mein Ringlein sprang entzwei   (J.v. Eichendorff)

Dieses Gedicht wird mit einer Schere in kleine Bestandteile zerlegt. Die Kinder erhalten die Einzelteile, und sie sollen auf das Stück Pappe ein neues Gedicht zusammenkleben. Bei den ersten Versuchen dürfen auch ruhig ein paar Einzelteile übrigbleiben. Später sollten möglichst alle Wörter in dem neuen Gedicht verarbeitet sein.

Variationen

Man kann den Schwierigkeitsgrad des Spieles dadurch erhöhen, daß z.B. zur Auflage gemacht wird, kein Wort übrig zu lassen, oder daß man die genaue Zeilenzahl des Gedichtes vorgibt. Es könnten aber auch zwei oder mehr Gedichte zerschnitten und in ihre Einzelteile zerlegt werden, um neu zusammengesetzt zu werden.

Das Spiel kann als Gemeinschaftsspiel gesehen werden, so daß zwei oder mehrere Kinder ein Gedicht zusammenbasteln.

Kommentar

Bei diesem Spiel werden den Kindern Gedichte nahegebracht, und sie lernen spielerisch mit Sprache, Form, und Stil zu experimentieren.

VIERZEILER SCHMUGGEL

Schreib- und Bewegungsspiel
Dauer: ca. 20 Minuten
Ort/Eignung: Klassenraum mit freien Flächen
Material: vierzeilige Gedichte (z.B. von Wilhelm Busch o.ä.), Pappkärtchen und Sicherheitsnadeln

Beschreibung des Spiels

Dieses Spiel setzt voraus, daß den Kindern die Vierzeiler von W. Busch oder andere, die zu diesem Spiel verwandt werden, bekannt sind. Jedes Kind schreibt einen Satz des Vierzeilers auf ein Stück Pappe. Dann werden die Pappkärtchen gemischt und den Kindern mit Hilfe der Sicherheitsnadel an den Rücken geheftet. Jedes Kind muß nun durch Herumgehen herausfinden, welchen Satz es auf dem Rücken stehen hat. Die Teile eines Gedichtes, die zusammenpassen, suchen gemeinsam weiter, bis der Vierzeiler stimmt.

Variationen

Für den Anfang kann man dieses Spiel vereinfacht mit zusammengesetzten Wörtern spielen. Jedes Kind hat die eine Hälfte eines Wortes auf dem Rücken stehen und muß heraus finden, welches Wort es ist und welches weitere zu ihm paßt.

Kommentar

Dieses Spiel erfordert die Kenntnis des Vierzeilers, mit dem gespielt wird. Es fördert den Umgang mit Versen und Reimen. Es motiviert zum Reimeschmieden.

LIMERICK

Schreibspiel
Dauer: ca. 20–30 Minuten
Ort/Eignung: Stuhlkreis, Tischgruppen
Material: Postleitzahlenbuch oder Telefonbuch, Atlas
oder Landkarte

Beschreibung des Spiels

Limerick war ursprünglich der Name eines irischen
Gesellschaftsliedes des 19. Jahrhunderts, in dem die
Abenteuer der Iren besungen wurden. Der Limerick
hat das Reimschema a-a-b-b-a. Der Anfang enthält in
Anknüpfung an die Tradition meist eine Ortsangabe.
Heute ist ein Limerick meist ein typisches Nonsensge-
dicht.
Eins der Kinder fährt mit dem Finger über die Ortschaf-
ten aus dem Postleitzahlenbuch (o. Atlas) und ein anderes ruft stop. Zu diesem so gefundenen Ort muß nun
ein Limerick gereimt werden.
Z. B.
Ein Trapez-Künstler kam aus Limerick,
hat weit und breit den größten Trick
er wollte mit den Füßen
alle Gäste begrüßen
das fanden wirklich nicht alle schick.

Variationen

Wenn die Reimform noch nicht ganz hinhaut, kann man erst einmal einen Vierzeiler nach dem Reimschema a-a-b-b versuchen, dann geht der Rest nicht mehr so schwer. Am lustigsten sind die Nonsens-Geschichten des Limericks.

Kommentar

Dieses Spiel erfordert einen gewissen Umgang mit Gedichten. Die Kinder müssen mit dem Reimen vertraut sein und sollten Spaß und Freude daran haben. Neben der Phantasie werden hier auch Kreativität und Versmaß geübt.

CLUSTER

Schreibspiel
Dauer: ca. 5–10 Minuten
Ort/Eignung: Tischgruppen
Material: Papier und Stifte

Beschreibung des Spiels

Das Cluster ist ein Ideenstern, der zu einem bestimmten Thema gemacht wird. Ähnlich wie das assoziative Schreiben geht es hierbei um den begrenzten Zeitraum, in dem Wörter zu einem Kernwort gefunden werden sollen. Das Kernwort steht in der Mitte des Blattes und wird mit einem Kreis ummalt, von dem dann sternförmig die assoziierten Wörter abgehen. An diesen Strahl-Enden können dann neue Wörter angeknüpft werden. Aus einem Cluster lassen sich Gedichte oder Geschichten ableiten.

Variationen

Auf einem großen Blatt können die Kinder einer Tischgruppe zu einem Kernwort die Assoziationen gemeinsam finden. Es entsteht ein Tischgruppencluster, das dann für jedes Kind der Ausgangspunkt zu einem eigenen Gedicht wird. Diese Tischgruppencluster bieten die Möglichkeit, die Unterschiedlichkeit der einzelnen Autoren herauszuarbeiten.

Kommentar

Das Cluster ist eine Arbeitsmethode vieler Autoren und dient hervorragend zur Wörtersammlung. Wortschatz-Erweiterungen werden hier genauso geübt, wie das kreative Verbinden der einzelnen Teile zu einem zusammenhängenden Text.

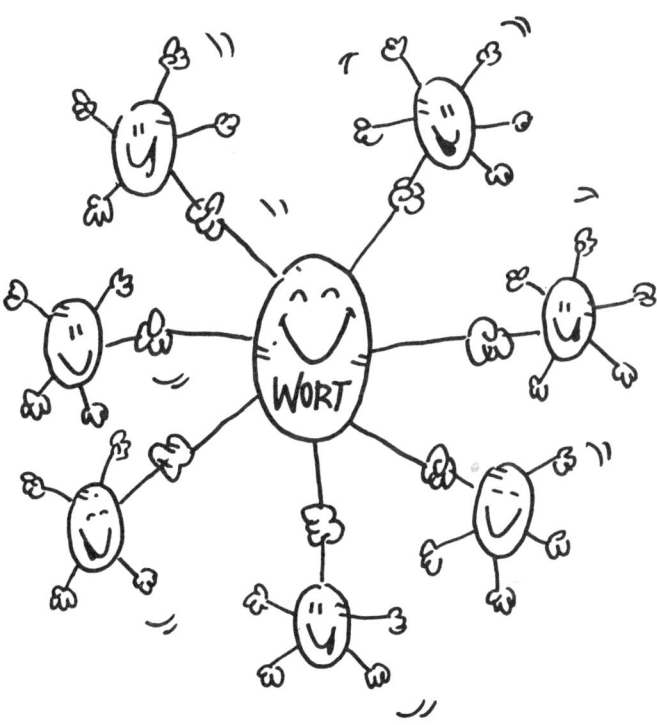

DER HERZSCHMERZREIM

Schreibspiel
Dauer: ca. 20 Minuten
Ort/Eignung: Tischgruppen
Material: Papier, Stifte, Reimlexikon von Steputat (Reclam)

Beschreibung des Spiels

Zuerst werden gemeinsam alle Wörter herausgesucht, die sich auf ein bestimmtes Wort reimen. Z.B. alle Wörter, die sich auf „Herzen" reimen. (Dazu darf im Reimlexikon nachgeschlagen werden.)
Kerzen, Scherzen, ausmerzen, Verscherzen, Verschmerzen, usw.
Ein Kind am Tisch fängt an und schreibt den ersten Satz des Gedichtes auf, z.B. MIR GEHT ES SO ZU HERZEN.
Jedes weitere Kind wählt ein Reimwort aus der Liste und setzt seinen Satz darunter. ABER ICH KANN ES GUT VERSCHMERZEN usw.

Variationen

Dieses Spiel läßt sich gut zu zweit spielen. Dann ergibt sich vielleicht ein Dialog in Reimform.

Kommentar

Dieses Spiel ist eine gute Übung für das Reimen und das Gedichteschreiben. Es macht Spaß und fördert die Phantasie. Der Wortschatz wird durch das Aussuchen der Wörter trainiert und erweitert. Die Kreativität wird angeregt.

REISE NACH VAMPIRISTAN

Schreibspiel
Dauer: ca. 20 Minuten
Ort/Eignung: Tischgruppen
Material: Stifte und Papier

Beschreibung des Spiels

Wer in VAMPIRISTAN war, der weiß, daß es dort den größten Blutvorrat der Welt gibt. Denn die Bewohner in Vampiristan leben vom Blut. Doch die Vampire haben Angst vor AIDS, daher haben sie kurzerhand aus ihrem Vokabular die Buchstaben A, I, D, S herausgestrichen. Vampire glauben, schon alleine die Buchstaben wären ansteckend. Aber ohne a, i, d und s ist die Verständigung sehr schwierig. Deshalb gilt jetzt ein neues Gesetz in Vampiristan:

aus A wird O
aus I wird U
aus D wird K
aus S wird T

So wird dann

aus Sahne – Tohne
aus Saft – Toft
aus Saigon – Tougon usw.

Die Kinder können nun einen kleinen Text von drei oder vier Sätzen erfinden, den sie ins Vampiristanische übersetzen. Die anderen müssen herausfinden, was damit gemeint ist.

Variationen

Wem für den Anfang vier Buchstaben zuviel sind, kann auch erst einmal zwei ersetzen.

Es kann einen Dolmetscherwettstreit geben. Sinn des Spieles ist, sich beim Vorlesen der Wörter nicht die Zunge zu brechen.

Kommentar

Durch bewußte Veränderung der Wörter wird die Rechtschreibung geübt und auch der einzelne Sinn der Wörter wird noch einmal reflektiert. Phantasie und Freude sind bei diesem Spiel ganz sicher nicht zu knapp bemessen.

FREIE ASSOZIATION

Schreibspiel
Dauer: 2 Minuten (in Variationen länger)
Ort/Eignung: Klassengröße oder Tischgruppen

Beschreibung des Spiels

Jedes Kind hat einen Stift und ein leeres Blatt Papier vor sich liegen. Dann wird eine kurze Zeitspanne vereinbart, etwa ein oder zwei Minuten, in denen die Kinder spontan drauflos schreiben sollen, was ihnen einfällt. Die Zeitabstände sollten nicht zu lang bemessen sein, da sonst der Reiz des Spieles verloren geht.
Die Zeit wird genau gestoppt. Dann wird diese Wörtersammlung vorgelesen.

Variationen

Es können Themen vorgegeben werden, zu denen die Wortsammlungen erstellt werden, Z.B. Schule, Haustier, Urlaub, Märchen usw.

Kommentar

Dieses Spiel ist ein Grundlagenspiel für viele Schreibgelegenheiten. Es kann frei oder themengebunden gespielt werden. Es bietet sich als Einleitung zu einem Aufsatz an oder als Wortsammelspiel für eine Geschichte. Dieses Spiel fördert den Umgang mit der Freiheit des Schreibens. Es ist eine Grundübung für alle, die mit dem Schreiben mehr zu tun haben möchten.

HALBHEITEN

Schreibspiel
Dauer: ca. 15–20 Minuten
Ort/Eignung: Tischgruppen oder Klassengröße
Material: Papier und Stifte

Beschreibung des Spiels

Einer am Tisch beginnt, eine Geschichte zu erzählen,
doch kurz vor dem eigentlichen Höhepunkt hört er auf.
Die anderen hören aufmerksam zu und schreiben ihr
ganz persönliches Ende der Geschichte.

Variation

Dieses Spiel kann man in seiner einfacheren Form mit
angefangenen Sätzen spielen. Der Spielleiter gibt den
Anfang eines Satzes vor, und die Kinder führen ihn zu
Ende. Je mehr Mitspieler, um so unterschiedlicher sind
wahrscheinlich die Sätze.
Eine weitere Variation wäre, das oben beschriebene
Spiel nicht von einem Erzähler allein beginnen zu lassen, sondern von drei oder vier Kindern, so daß noch
weitere Elemente an der Entstehung der Geschichte
beteiligt sind.

Kommentar

Bei diesem Spiel wird von den Kindern zunächst intensives Zuhören erwartet, eine Kunst, die es auch zu erlernen gilt. Darüber hinaus wird dann mit Hilfe der Phantasie die Geschichte weiter geschrieben. Es wird der Wortschatz geübt und die erzählenden Elemente müssen berücksichtigt werden. Aufbau einer Handlung, deren Anfang schon vorgegeben wurde. Dies fordert ein Sich-Einlassen auf vorgegebene Bedingungen.

DADAISTISCHE COLLAGE

Wortspiel
Dauer: ca.15 Minuten
Ort/Eignung: Tischgruppen
Material: Zeitungsschnipsel und jeweils für jedes Kind
eine kleine Tüte oder eine kleine Seifendose

Beschreibung des Spiels

Aus einer Zeitung werden wahllos Zeitungsschnipsel,
jedes nicht länger als ein Wort, von jedem Kind ausgeschnitten. (Es sollte darauf geachtet werden, daß aus-
reichend Wörter ausgeschnitten werden.) Diese Wörter werden in eine kleine Seifendose gesteckt und
kräftig geschüttelt. Die Dose wird nun dem Nachbarn
gereicht, der sie vor sich auf dem Tisch ausschüttet.
Aus diesem Schnipselhaufen soll nun mit wenigen Be-
wegungen ein Gedicht zusammengeschoben werden.

Variation

Das entstandene Gedicht kann Gegenstand einer Erzählung werden. Das heißt, die Kinder können aus den
willkürlichen Inhalten neue Inhalte erfinden, die dem
Sinn oder dem Unsinn des Gedichtes entsprechen, oder
aber ihn ableiten.

Kommentar

Dieses Spiel beschäftigt die Kinder meist eine Weile, und nicht selten werden Fragen über die Gestaltungskraft des Zufalls gestellt.

Es fördert die Fähigkeit, die entstehenden Leerstellen mit den eigenen Phantasien zu überbrücken.

Aus Wortsplittern werden Gedichte, das heißt aus kleinen Teilen wird ein Ganzes, die Kinder lernen so, daß das Zusammensetzen von Einzelheiten kreativ Neues schafft. Mut zur Unmöglichkeit wird unterstützt im Sinne der Kunst.

SELBSTERFAHRUNG BEIM SCHREIBEN

GRUPPENBILD

Schreibspiel
Dauer: ca. 15–20 Minuten
Ort/Eignung: Tischgruppen
Material: Papier und Stifte, Postkarten, Poster oder Bilder mit Landschaften

Beschreibung des Spiels
Es werden Landschaftsabbildungen gesammelt und auf dem Tisch ausgebreitet. Die Kinder einer Tischgruppe sollen sich für eines der Bilder entscheiden. Dann nimmt jedes der Kinder eine andere Rolle zu diesem Bild ein. Eines betrachtet es aus der Sicht eines Malers und schreibt seine Eindrücke auf. Ein anderes Kind wählt die Sicht eines Wanderers, die Sicht eines Autofahrers, eines Verliebten, eines Bauern, eines Umweltschützers usw. Jedes Kind beschreibt die Landschaft seiner Rolle gemäß, bzw. was es wie dort sieht und erlebt.

Variationen
In der Science Fiction-Welt ist alles möglich! Ein Außerirdischer könnte diese Landschaftsbetrachtung machen und sie entsprechend seiner Heimatwelt so umgestalten, daß die Daheimgebliebenen auf seinem Planeten ein Bild von unserer Welt bekommen.
In Kombination mit dem Kunstunterricht können allerdings auch Bilder von außerirdischen Planeten gemalt werden und diese werden dann, von uns Erdlingen,

wie oben ausgeführt, von allen unterschiedlich beschrieben.

Kommentar

Bei diesem Spiel wird für die Kinder erneut ihre Verschiedenheit deutlich. Ihre individuelle Sichtweise kennzeichnet sie als besondere Einzelwesen und unterstützt zugleich das Verständnis für andere mögliche Sichtweisen. Die Kinder lernen, sich auf eine fremde Rolle einzulassen und spielerisch aus der Perspektive eines anderen zu schreiben. So wächst Verständnis für das Eigene und das Fremde. Außerdem wird die Phantasie gefördert und die kreative Arbeit mit eigenen Vorstellungen.

GESCHLECHTERTAUSCH

Schreibspiel
Dauer: ca. 15 Minuten
Ort/Eignung: Tischgruppen oder Klassengröße
Material: Papier und Stifte

Beschreibung des Spiels

Dieses Spiel beginnt in der Phantasie. Eines Morgens wird das Kind wach und erkennt, das es über Nacht sein Geschlecht gewechselt hat. Wie sieht nun der neue Tagesablauf aus? Was wird anders werden, wie sieht das neue Leben aus?
Typische Fragen: Was denkst du? Was fühlst du? Welche merkwürdigen Erlebnisse hast du?

Variationen

In Anlehnung an Kafkas „Verwandlung" kann dieses Spiel auch weiter abstrahiert werden. Z.B. Ich wache morgens auf und bin ein Pferd, Esel, Hund o.ä.
Oder ich bin der Tennisball von Boris Becker, der Rennwagen von Michael Schuhmacher o.ä.
Der Phantasie sind innerhalb der Zeit keine Grenzen gesetzt. Wie wäre es also damit: Ich wache morgens auf und bin Elizabeth I von England oder Julius Cäsar usw.

Kommentar

Dieses Spiel erfreut sich bei Kindern großer Beliebtheit, denn es hat etwas Phantastisches, sich vorstellen zu können, alles ist plötzlich ganz anders. Die Welt wird dabei zum Spielball der Illusionen. Bei diesem Spiel werden die Phantasie und die Kreativität sehr angeregt, aber es entsteht gleichzeitig eine deutliche Bewußtmachung des eigenen Ich.

MEIN LEBENSBAUM

Schreibspiel nach Meditation
Dauer: ca. 25–35 Minuten
Ort/Eignung: Gruppen in Klassengröße
Material: Meditationsmusik, Papier und Stifte zum Malen, Papier und Stifte zum Schreiben

Beschreibung des Spiels
Den Kindern wird zur Entspannung zunächst eine leises Stück Meditationsmusik vorgespielt. Dann werden vom Spielleiter Anleitungen zur Identifikation mit einem Baum gegeben. Die veränderte Wahrnehmung soll angesprochen werden, die Entwicklung, die Verwurzelung, die Standfestigkeit, die Blätter sollen von den Kindern imaginiert werden, die Zweige und die Früchte, Jahreszeiten, Veränderungen und die Umgebung des Baumes.
Nach der Meditation soll dieser Baum gemalt werden. Jedes Kind stellt in der Ich-Form dieses Baumbild den anderen am Tisch vor. Die anderen Kinder stellen fest, was ihnen auffällt, und ihre Kommentare werden berücksichtigt.
Jetzt folgt die Schreibphase, das heißt, die Kinder fassen alles, was sie am Baumthema beschäftigt, in einer kleinen Geschichte oder einem Gedicht über ihren „Lebensbaum" zusammen.
Das Gedicht wird vorgelesen, und gemeinsam werden die ersten Textentwürfe begutachtet. In Gesprächen soll dann eine Bewußtmachung stattfinden. Es können auch

Vorschläge gemacht werden, um den Text zu bearbeiten und zu verbessern.

Variationen

Natürlich bieten sich neben dem Baum auch noch andere Dinge an, die imaginiert werden können. Z.B. Blumen, Tiere, Gegenstände u.ä.

Kommentar

Bei dieser Arbeit handelt es sich nur bedingt um ein Spiel. Denn diese Form des Schreibens, bei dem das eigene Unbewußte in die Schreibarbeit miteinfließt, erfordert ein gewisses Maß an Selbsterkenntnis und eine große Bereitschaft, hinter die Dinge schauen zu wollen. Unbewußtes drängt in der Meditation nach außen und wird in den Bildern und Texten deutlich sichtbar. Daher sollte eine möglichst harmonische Umgebung für die Kinder gewährleistet sein. Die Texte, die entstehen, sollten angenommen werden. Es darf nicht zur Ausgrenzung führen und auch die Kinder sollten nicht verletzt werden. Bei dieser Arbeit ist die Grenze zwischen Spiel und Wirklichkeit manchmal verwischt. Ein sehr behutsamer Umgang mit den Kindern ist daher erforderlich. Doch ist dies auch der Punkt, an dem Schreiben zum heilenden Element wird. In den höheren Klassen könnte an diesem Punkt intensiver gearbeitet werden.

Von uns benutzte und zitierte Literatur, auch zum Weiterspielen empfohlen:

Böseke, Harry/Land, Ulrich (1989): Worte im Aufwind. 100 Schreibspiele und Schreibaktionen (Schriftenreihe der BKJ Bd.12), Remscheid (Bundesvereinigung kulturelle Jugendbildung).

Brenner, Gerd: Kreatives Schreiben. Ein Leitfaden für die Praxis, Frankfurt a.M. 1990

Bundesvereinigung Kulturelle Jugendbildung (Hg.) (1986): Ich geb's Dir schriftlich. Junge Leute Schreiben. Aktionen, Werkstätten, Wettbewerbe Remscheid (Schriftenreihe der Bundesvereinigung kulturelle Jugendbildung Band 9)

Domenego, Hans/Ekker, Ernst A. (1981): Das Sprachbastelbuch (Ravensburger Taschenbücher 398), Ravensburg (Otto Maier Verlag).

Ermert, Karl / Bütow, Thomas (Hg.): Was bewegt die Schreibbewegung? Kreatives Schreiben – Selbstversuche mit Literatur, Rehburg-Loccum 1990 (Loccumer Protokolle 63 / '89)

Fühmann, Franz (1984): Die dampfenden Hälse der Pferde im Turm von Babel. Ein Spielbuch in Sachen Sprache... (Sammlung Luchterhand 474), Darmstadt und Neuwied (Luchterhand Verlag).

Grundschule H.2 (1988), H.2 (1990)

Grundschulzeitschrift H.30 (1989), H.61 (1993)

Hanneforth, Dirk (1987): ABC die Katze lief im... Spiele mit dem Alphabet (rororo Mit Kindern leben 8374), Reinbek b. HH (rororo Rowohlt Verlag).

Kiermeier-Debre, Joseph/Vogel, Fritz Franz (1993): Poetisches Abracadabra. Neuestes ABC- und Lesebüchlein, München (dtv).

Liebnau, Ulrich (1995): Eigensinn Kreatives Schreiben – Anregungen und Methoden, Frankfurt am Main

(Diesterweg Verlag) (Schreibimpulse. Schriften und Materialien zur Aufsatzerziehung).

Mala, Matthias (1988): 77 Schreibspiele. Eine kunterbunte Spielesammlung für Block und Bleistift (Ullsteinbuch Nr. 33465), Frankfurt a.M, Berlin (Ullstein Verlag).

Merkelbach, Valentin (Hg.) (1993): Kreatives Schreiben, Braunschweig (Westermann) (Praxis Pädagogik).

Mosler, Bettina/Herholz, Gerd (1992): Die Musenkussmischmaschine.120 Schreibspiele für Schulen und Schreibwerkstätten (2. Aufl.), Essen (NDS Verlag).

Portmann, Rosemarie/Schneider, Elisabeth (1984): Spielen mit Buchstaben, Wörtern, Texten, München (Don Bosco Verlag).

Praxis Deutsch Sonderheft 1981, H.46 (1981), H.119 (1993)

Springfeld, Uwe (1989): Schreibspiele. 46 spannende Spielereien für gewitzte Wortverdreher (DuMont Taschenbücher 229), Köln (DuMont Verlag).

Thalmayr, Andreas (1990): Das Wasserzeichen der Poesie oder Die Kunst und das Vergnügen Gedichte zu lesen in hundertvierundsechzig Spielarten (Die andere Bibliothek Bd.9), Frankfurt a.M. (Eichborn Verlag).

Vopel, Klaus W. (1991): Schreibwerkstatt. Eine Anleitung zum kreativen Schreiben für Lehrer, Schüler und Autoren, 2 Bände, Hamburg (Iskopress).

Weller, Rainer (Hg.) (1978): Sprachspiele (RUB 9533), Stuttgart (Reclam Verlag).

Verzeichnis der Spiele